ÉTUDES SOCIALES

Socialisme
Collectivisme
Anarchie

Par P. PAULTRE

DEUXIÈME ÉDITION

Prix : 1 franc.

NEVERS,
G. VALLIÈRE, IMPRIMEUR,
24, avenue de la Gare.

1899

ÉTUDES SOCIALES

Socialisme
Collectivisme
Anarchie

Par P. PAULTRE

DEUXIÈME ÉDITION

Prix : 1 franc.

NEVERS,
G. VALLIÈRE, IMPRIMEUR,
24, avenue de la Gare.

1899

ÉTUDES SOCIALES

Socialisme

Collectivisme

Anarchie

Ces trois termes si souvent employés dans le langage courant n'offrent pas un sens bien précis pour beaucoup d'esprits. Rien d'étonnant à cela. Ceux qui font profession d'appartenir à l'un des partis ainsi désignés y attachent eux-mêmes une idée fort différente, selon qu'ils se rangent parmi les théoriciens ou parmi les militants. Tandis que les visées de ceux-ci sont restées à peu près les mêmes, les premiers en sont arrivés, de progrès en progrès, à faire de la sociologie une science qui, malgré la fragilité de sa base, affecte des prétentions à une exactitude en quelque sorte mathématique.

La question sociale n'est pas une question contemporaine, comme beaucoup le croient. Sans remonter à l'antiquité, où elle a été, à diverses reprises, traitée non sans talent, comme matière plutôt littéraire que philosophique, nous bornerons cette étude aux théories qui ont été soumises à la discussion publique dans le cours de ce siècle.

Comme une sorte de rançon du progrès de la civilisation, du bien-être répandu dans toutes les classes de la société, même les plus modestes, l'intensité de la lutte pour la vie a fait reprendre des thèses déjà plusieurs fois abandonnées et qui sembleraient surannées, non plus comme de simples jeux de l'esprit, mais sous la forme de revendications hautaines et menaçantes, qui ne tendraient à rien moins qu'à bouleverser la société actuelle, si elle avait la faiblesse d'encourager ces âpres manifestations d'une infime minorité.

Le Communisme, premier produit direct du socialisme moderne, s'était cependant offert aux âmes sensibles sous l'apparence séduisante d'un retour à l'âge d'or, à l'innocence primitive : il présentait la vie en commun comme la condition indispensable de l'harmonie universelle, seule susceptible de procurer le bonheur parfait. Théoriquement il fit merveille; nombre d'adeptes s'y sont jetés à corps perdu. La désillusion ne s'est pas fait attendre : au premier essai pratique, elle a été si rapide, si complète, que Proudhon a pu dire du communisme qu'il avait passé « comme une mascarade ». Le communisme était déjà bien malade : les sarcasmes du célèbre polémiste l'ont achevé.

Pareil sort est-il réservé au collectivisme et à l'anarchie, autres rejets de la même souche? L'avenir l'apprendra. Mais, en présence des haines farouches que leurs adeptes attisent à qui mieux mieux, des ruines accumulées déjà, de celles qu'ils préparent pour ainsi dire au grand jour, la « mascarade » d'aujourd'hui n'a rien de commun avec un spectacle simplement grotesque ou bouffon.

Avant d'aborder ces deux produits du socialisme proprement dit, occupons-nous de celui-ci.

Socialisme

La paternité du socialisme moderne peut être à bon droit revendiquée par Saint-Simon. Le premier, il a contesté le droit de propriété, généralement considéré, jusqu'à lui, comme la base et la source même de tous les progrès accomplis par la civilisation. Aussi a-t-il paru que Saint-Simon s'attaquait à l'évidence.

Qui donc, à l'origine, aurait pris la peine de fabriquer un outil, de défricher une terre, de bâtir une cabane, s'il eût été loisible au premier venu de prendre l'outil, de moissonner le champ, de s'emparer de l'habitation? De tout temps, depuis que l'homme vit en société, pareil acte a été considéré comme un vol Saint-Simon s'est donné la tâche de renverser les rôles; de présenter le volé comme un voleur et réciproquement. Inutile d'insister sur l'accueil que reçut cette thèse, comme d'ailleurs toutes les autres du même genre soutenues par notre réformateur; on en jugera aisément si l'on réfléchit que Saint-Simon bornait ses vœux à changer seulement : 1° la Société; 2° la Religion; 3° la Famille, qu'il voulait composer non plus des individus issus de la même souche, mais de citoyens choisis selon ses prescriptions.

Telles furent les visées modestes de ce déséquilibré qui essaya de tout, sans réussir à rien, pas même à se suicider : la tentative qu'il fit dans ce but, en 1823, n'aboutit qu'à le rendre borgne pour le reste de ses jours.

Au point de vue moral, ce démocrate a donné la mesure de la fermeté de ses convictions, en s'offrant d'abord à Napoléon Ier pour être son « lieutenant scientifique », en adulant platement ensuite la monarchie, puis la Sainte-Alliance, à laquelle il déclare « qu'elle pousse en avant la civilisation de la façon la plus positive » !

Voilà quel fut l'initiateur du siècle présent aux merveilles que promettent le socialisme, le collectivisme et l'anarchie. L'œuvre est digne de l'auteur; elle assure à Saint-Simon un rang distingué parmi les mémoires qui gagneraient à tomber dans l'oubli.

Dans l'ordre intellectuel, il n'est si mauvaise graine qui ne trouve un sol où germer, croître et s'épanouir. Les idées de Saint-Simon ont été recueillies et plus ou moins retouchées par quelques utopistes français dont elles flattaient les instincts. Reprises par divers socialistes étrangers, notamment certains allemands qui les ont revêtues des formes pédantesques en honneur de l'autre côté du Rhin, on les a, en cet état, réimportées finalement en France, comme de précieuses trouvailles exotiques dignes, à ce titre, de toute l'admiration de nos ignorants.

Saint-Simon a laissé pour disciples Auguste Comte, Olinde Rodrigue, Bazard, Enfantin, pour ne citer que les plus connus. Le premier a fondé le positivisme dont nous aurons à dire quelques mots. Inutile de parler des autres, menue monnaie d'une pièce de mauvais aloi

Parmi les socialistes qui lui ont succédé, plusieurs intelligences d'élite, des cœurs généreux, impatients des maux inhérents à notre société — elle est humaine, partant imparfaite — émergent, surtout dans les premiers temps, de la tourbe des révolutionnaires, sans pour cela, échapper à l'indélébile cachet d'insanité qui se retrouve dans toutes les utopies bizarres tour à tour présentées comme l'*unique* et *infaillible* remède aux souffrances de l'humanité. Louis Blanc, d'abord, a carrément répudié la formule Saint-Simonienne « équitable et sage en apparence, mais en réalité subversive et inique ». Il va sans doute en indiquer une autre, véritablement sage et équitable et surtout point « inique » et point « subversive » ? — Hélas non ! la formule de Louis Blanc a été répudiée encore plus lestement que celle de Saint-Simon. « A chacun suivant ses capacités, à chacun suivant ses besoins », a-t-il proclamé. C'est parfait ; mais il a oublié de dire, comme le feront d'ailleurs invariablement tous ces étranges organisateurs de la société future : 1° quel sera le juge — car enfin le *quantum* de ces capacités et de ces besoins ne s'établira pas tout seul ; — 2° quel recours aura, contre ce jugement, le citoyen qui se croira lésé, mal apprécié ou mal loti.

La principale trouvaille de Louis Blanc, celle dont il a été le plus fier, la conception des ateliers sociaux, donne la mesure des lubies qui peuvent hanter les cerveaux en apparence les mieux organisés. Le but de cette création était de *ruiner* toutes les entreprises privées, pour, après extinction de celles-ci, arriver à solidariser les diverses industries. Telle est la panacée destinée à assurer le bonheur du genre humain : une ruine universelle d'abord, une organisation hypothétique ensuite.

Tous les systèmes socialistes aboutissent là !

A côté de ces conceptions puériles à force de naïveté, on voit l'âme vraiment grande de Louis Blanc planer dans une sphère idéale, quand il place certaines libertés « au-dessus du droit des majorités et absolument inviolables ». Telles « la liberté de la presse, la liberté de conscience, la liberté d'association, le droit de réunion, le droit au travail et, en général, toutes les garanties qui permettent à la minorité de devenir la majorité, pourvu qu'elle ait raison et qu'elle le prouve ».

Dans le même ordre d'idées, Vacherot écrira plus tard : « Le vote le plus régulier, le plus libre, fût-il unanime, ne peut priver un seul citoyen d'un de ces droits si bien nommés droits naturels, parce qu'il les tient de sa nature d'homme et nullement d'une institution sociale quelconque » et « contre le droit de l'homme, l'Etat n'a aucun droit. » (*La démocratie*, 1860).

De même que Louis Blanc ne put parvenir, et pour cause, à établir ses ateliers sociaux, et reçut de l'expérience tentée le démenti le plus catégorique, un autre socialiste, connu par ses insuccès de tout genre, Cabet, avocat sans causes, procureur général révoqué, fondateur du *Populaire*, qui lui valut une condamnation à la prison, Cabet, devenu si célèbre par son *Voyage en Icarie* (1842), tenta de mettre ses théories en pratique, et emmena ses disciples d'abord au Texas, sur les bords de la Rivière-Rouge, puis à Nauvoo, dans l'Illinois.

Le sort lamentable des malheureux qui avaient eu foi en lui, les procès scandaleux qu'il dut soutenir jettent un jour sinistre sur les dangers qui guettent les esprits assez simples pour s'engouer de ces organisations idéales qui, comme la Minerve antique, jaillissent d'un cerveau divin, accomplies et parfaites, prêtes à soutenir toutes les luttes, et à renverser tous les obstacles.

On a vu depuis, la Banque populaire, de Proudhon, la célèbre Internationale, de Marx, échouer tout aussi misérablement, sans que leur chute puisse être attribuée à une cause extérieure. Toute entreprise socialiste renferme en elle-même un germe de mort qui la voue fatalement à pareil sort, car elle fait violence aux principes de liberté, d'équité, d'égalité qu'elle a la prétention de défendre seule.

A l'œuvre on connaît l'artisan, dit-on. Tant vaut la pratique, tant vaut la théorie.

Quand on songe aux innombrables et douloureuses épreuves traversées par les sociétés humaines, à chaque phase de leurs transformations, on est stupéfait de l'assurance de simples écrivains qui, n'ayant guère quitté leur cabinet de travail que pour voir de travers ce qui se passe au dehors, visent au rôle de réformateurs du genre humain, et prétendent tirer de leur encrier les règles qui doivent présider aux rapports sociaux. Pour peu que l'ambition politique s'en mêle, il n'est flagornerie qu'ils ne commettent, mensonges qu'ils ne débitent, promesses qu'ils ne lancent pour se procurer des adeptes. Ils trouvent aisément, d'ailleurs, une clientèle docile et facile à convaincre, du moment où on lui assure qu'elle est victime d'une iniquité sociale, si surtout on appuie ces discours de démonstrations d'apparence scientifique : la race des niais est indestructible, comme celle des gogos. Proudhon, qui n'a pourtant pas dédaigné d'user de pareils procédés, écrit dans son *Second Mémoire sur la Propriété :* « Le peuple, incapable encore de juger sainement ce qui lui convient, applaudit également aux dires les plus opposés, *dès qu'il entrevoit qu'on le flatte.* » Aux débuts du fonctionnement du suffrage universel, le peuple ne tenait pas en effet à être éclairé, à se former une opinion raisonnée, une conviction solide, que son inexpérience politique comportait peu d'ailleurs ; mais à être « flatté ». De nos jours, combien d'électeurs sont encore dans ce cas! Qu'il leur serait facile cependant de démasquer la fourbe, s'ils écoutaient le conseil du fabuliste :

Apprenez que tout flatteur
Vit aux dépens de celui qui l'écoute.

Par le temps qui court, c'est pourtant là l'odieux métier que font la plupart des fauteurs de grèves, ces misérables qui, pour ramasser un mandat, fût-ce dans la boue sanglante de l'émeute, suivant l'énergique expression de Chaudey, ne rougissent pas de bâtir leur popularité sur les effroyables souffrances qu'ils sèment sous leurs pas, en attendant qu'ils aient contribué, dans la mesure de leurs forces, à ruiner les industries nourricières de leurs victimes. L'ouvrier égaré par des prédications haineuses, malfaisantes comme tout ce qui est inspiré par la haine, ne s'aperçoit, qu'au sortir d'un chômage volontaire ou forcé, mais toujours douloureux, qu'il est dupe de ces « charlatans de radicalisme » dénoncés par Proudhon à son indignation. (2e *Mémoire sur la Propriété*, p. 17).

Entre autres conceptions saugrenues qui devaient être reprises par les chefs actuels du socialisme, figure la suppression de la monnaie. Cabet prétend que cette suppression est dans l'*Evangile*, ainsi que l'égalité des biens. Aujourd'hui, le socialisme cherche généralement ailleurs que dans l'Ecriture sainte, les autorités sur lesquelles il appuie ses systèmes. Mais on se demande vraiment quel peut être, en dehors de l'esprit destructif qu'il possède au suprême degré, le motif de l'abolition du signe monétaire, admirable institution sans laquelle on ne saurait imaginer ni échanges, ni commerce entre individus ou entre peuples différents.

Loin de partager cette idée marquée ou coin de l'absurdité la plus évidente, Proudhon, le plus intelligent, à beaucoup près, de tous ceux qui ont manié une plume socialiste, considère la monnaie comme « l'arme par excellence du Travail contre l'accumulation et l'immobilisation des capitaux de toute espèce. » (2e *Mémoire sur la Propriété*, p. 23.) Pour affranchir le Travail « asservi et subalternisé par l'oisiveté orgueilleuse (c'est la thèse favorite de Proudhon) le Travail, dit-il, inventa la monnaie. » (*Id.* p. 24).

Quel que soit l'auteur de l'invention, on la considère généralement comme l'une des plus admirables, des plus nécessaires qui aient été faites. Mais cette raison n'est pas pour arrêter la manie destructive qui forme, avec la prétention d'avoir droit à *tout* et de ne *rien* obtenir, le fond de la plupart des écrits socialistes.

Un calviniste suisse, économiste distingué, historien et littérateur de talent, Sismondi, a écrit quelque part : « La classe qui produit tout est chaque jour plus près d'être réduite à ne jouir de rien. »

Bien que la fausseté de l'assertion s'accuse chaque jour davantage — car jamais le bien-être de la classe ouvrière n'a fait de plus grands et de plus rapides progrès que dans notre siècle

— la haute notoriété de l'auteur a paru, aux sociologues de son temps, donner une importance capitale à l'observation de Sismondi. Aucun d'eux ne s'est fait faute de la reproduire ; elle forme en quelque sorte le point de départ, la raison d'être, la justification de leurs revendications. Buret, entre autres, dans la *Misère des classes laborieuses* (Bruxelles, 1842), cite Sismondi avec les plus vifs éloges, bien que ses thèses s'écartent sensiblement des principes du célèbre écrivain.

Buret préconise l'intervention de l'Etat, à l'ouverture de chaque succession, afin qu'il prélève « une part d'enfant ». Il faut savoir gré à Buret de ne pas réclamer l'héritage entier, ce qu'il eût pu faire tout aussi aisément, car, du moment où le principe de la spoliation est admis, la question des limites devient secondaire. Mais, réduite même à ce prélèvement d'*une part d'enfant*, la survenance d'un semblable copartageant dans les liquidations et comptes de famille, constituerait, indépendamment du préjudice causé par le prélèvement, une gêne des plus graves. Il faudrait d'abord procéder judiciairement, c'est-à-dire avec enquêtes, expertises..... bref, avec des frais énormes, et en étalant aux yeux de tous, les secrets les plus intimes de la famille : le contrôle de l'Etat l'exigerait impérieusement ; et, notez ceci : aucune transaction ne serait possible. Eliminer ce cohéritier *légal*, en lui offrant une somme supérieure même à sa part, serait une solution inadmissible au premier chef. Tant que la situation ne serait pas exposée au grand jour et dans tous ses détails, on pourrait supposer une fraude, une collusion entre l'agent du fisc et les hoirs.

Pour couper court sans doute à ces inconvénients graves et multiples, et prévenir, du même coup, les conflits si fréquents entre copartageants, la nouvelle école socialiste, comme nous le verrons plus loin, élimine purement et simplement les héritiers légitimes du défunt : l'Etat prend tout l'héritage, ce qui facilite singulièrement la liquidation ; et la spoliation disparaît sous l'euphémisme de « socialisation ».

Il y a, faut-il croire, des gens que la perspective d'être mangés laisse froids, pourvu qu'on leur accorde le choix de la sauce. Ainsi sont les collectivistes. Braves gens — et naïfs ! — ils vont à l'assaut de leurs propres droits, de leur bien le plus précieux : la liberté, le cœur aussi calme, l'esprit aussi tranquille, en rangs aussi serrés que les moutons qu'on mène à l'abattoir. Ils s'imaginent, les simples, que la suppression du capital et de la propriété privée n'aura d'autre effet que de vider dans leurs poches les coffres des millionnaires. Quelle aubaine et quelle noce ! — quelle illusion plutôt ! — Si, ce qu'à Dieu ne plaise, leurs vœux étaient exaucés, ils auraient troqué leur indépendance contre le joug le plus pesant, le servage le plus complet, le plus odieux, le plus abject qu'il soit possible d'imaginer. C'est ce que nous démontrerons tout à l'heure.

De l'aveu du grand chef Marx et de ses disciples les plus autorisés, l'échéance de cette transformation est encore lointaine. Les progrès sociaux, si difficiles à faire passer dans les faits, se donnent libre carrière dans la théorie. Toutefois ce n'est que successivement, par étapes, après de nombreux tâtonnements, qu'on en est arrivé, de la « part d'enfant » de Buret, à la suppression totale du patrimoine et même de la propriété individuelle.

Nous voici loin de Sismondi, Sismondi naguère couvert de fleurs par tout le parti. Celui, écrit Sismondi, qui enclôt un champ en le déclarant sien, est un bienfaiteur de l'humanité ; car « il appelle à l'existence celui même qui n'a pas de champ et ne pourrait vivre si le champ du premier ne lui procurait un surplus de produit. » « La société, ajoute-t-il, fait bien de garantir le droit de ce propriétaire. »

Si Proudhon approuve Sismondi et fait chorus avec lui quand il dit : « Partout nous avons vu le progrès des choses, partout la misère des hommes », il est d'un avis diamétralement opposé, en ce qui concerne l'utilité de la propriété. Selon Proudhon, la propriété, loin d'être un bien, est le pire de tous les maux. Bien plus, elle est la source de toutes les misères humaines ; au reste, elle est illégitime : en un mot, la propriété, c'est le vol.

La Propriété, c'est le Vol ! Tel est le titre du plus célèbre, du plus travaillé et du plus faible de tous les ouvrages de Proudhon. Tellement faible que, paraissant plutôt l'œuvre d'un élève de rhétorique doué d'un esprit faux, que d'un écrivain sérieux, il passa d'abord inaperçu, malgré le scandale cherché par l'auteur pour attirer l'attention sur lui. Pensionnaire de l'académie de Besançon, il lui dédia ce livre, sachant bien qu'elle le repousserait avec horreur. Elle le fit, en effet, et de plus supprima la pension qu'elle avait généreusement accordée à l'auteur, fils d'ouvrier sans fortune, pour lui permettre de se livrer à ses travaux littéraires.

A moins de changer le sens des mots, le titre choisi par Proudhon est déjà une absurdité, puisque le *vol* est, en somme, le contraire de la *propriété*. L'ouvrage entier ne dément pas le titre : c'est un tissu d'assertions fausses, contredites par des faits patents ; un défi perpétuel au sens commun, un parti pris de paradoxes qui ne sauraient soutenir le moindre examen. En veut-on la preuve ?

Les sociétés humaines qui ont toujours admis

le droit de propriété ont, en vertu d'un principe de droit oublié à dessein par Proudhon, et d'après lequel *nul n'est tenu de rester dans l'indivision*, partagé la terre occupée par elles, comme elles l'ont entendu. Proudhon, il est vrai, n'a pas donné son consentement au partage ; mais il n'ignore pas cet autre principe : qu'il faut exister pour posséder un droit. Or le partage en question remonte à une époque antérieure à sa naissance. En opérant le lotissement, la société n'a donc point disposé de sa part, méconnu son droit encore inexistant.

En naissant, Proudhon a introduit son « droit » dans l'humanité, qui, dit-il, doit « se serrer » pour lui faire place.

Qu'est-ce à dire ? Sa place est-elle prise ? N'y a-t-il plus de places vacantes sur le globe, plus de terres inoccupées et libres à défricher, plus d'emplacement où construire une demeure?

Proudhon n'a pas sans doute la prétention d'exercer un droit de *préférence*, de réclamer un terrain tout défriché, une maison bâtie et toute meublée. Si personne n'a pris soin de cultiver ou de construire pour lui, à lui de faire comme les premiers venus : de défricher et de bâtir à son tour.

Proudhon semble bien réclamer un privilège accordé par Dieu sans doute, privilège en vertu duquel il serait dispensé de cet effort initial. « Que le créateur se présente et vienne lui-même », suivant son expression, confirmer cette prétention, nous nous inclinerons devant sa volonté suprême.

Proudhon prétend-il parler, non en son nom personnel, mais au nom de la société ? Qu'il « montre sa procuration », comme il dit au même endroit (1er *Mémoire sur la Propriété*, p. 139) ; qu'il fasse connaître son mandant.

Ce mandant, est-ce la société française ? Mais la société française a procédé à son partage, en vertu de lois faites par elle, obligatoires pour tous les Français. Or, il n'y a plus de places libres, en territoire français.

Est-ce la société humaine ? cette hypothèse semble la seule admissible, l'humanité n'ayant pas encore légiféré sur le partage du globe terrestre. Mais le partage du globe est inutile; il s'y trouve d'innombrables places vacantes sur lesquelles chacun peut, sans contestation aucune, exercer le droit de premier occupant et cela, non pas sur une étendue limitée et restreinte comme les parts françaises, mais sur d'immenses espaces qui attendent le défrichement et appellent le travailleur.

Le défrichement, disons-nous, voilà justement ce que les Proudhon du passé, du présent et de l'avenir n'ont jamais accepté, n'accepteront jamais ; il leur faut non une tâche à faire, mais une tâche toute faite. En un mot, ils entendent jouir du labeur d'autrui.

On ne comprendrait guère que celui qui entre dans une salle de spectacle à moitié vide exigeât l'une des places occupées par les premiers arrivés. Quand le fait se produit, le nouveau venu se fait expulser, et l'expulsion unanimement approuvée est la peine méritée de son outrecuidance. Toute la théorie de Proudhon ne tend qu'à justifier cette outrecuidance-là. Il est inconcevable qu'un esprit aussi pénétré de l'idée de justice ait commis cette capitale bévue. Tous ses raisonnements, comme des matériaux mal assis, sur une base vacillante, portent à faux et croulent d'eux-mêmes sans attendre la pioche du démolisseur. Nous allons les passer en revue, ces raisonnements péniblement réunis et entassés pêle-mêle dans le premier Mémoire sur la *Propriété.*

Le pensionnaire de l'académie de Besançon cherche à démontrer que la propriété est *impossible.*

Prétendre prouver l'*impossibilité* d'une chose qui *existe* depuis les temps les plus reculés, c'est, semble-t-il d'abord, se moquer à la fois de la logique et du lecteur. Ecoutons Proudhon:

« La propriété est impossible, parce que de rien elle exige quelque chose... Le propriétaire qui ne cède rien de son instrument, éternellement s'en fait payer, éternellement le conserve. » (P. 136.)

Proudhon vise ici le contrat de louage par lequel le propriétaire cède la jouissance temporaire de son bien mobilier ou immobilier ; en supporte les détériorations de toute nature : usure, altérations, déformations, qui sont la conséquence de l'usage normal du droit concédé par lui au locataire. Pendant toute la durée du contrat librement consenti et accepté, il est tenu aux gros travaux, aux grosses réparations résultant de son obligation de faire jouir le locataire de l'objet qu'il lui a loué, il en perd l'usage personnel, la libre disposition, les produits spontanés, les fruits naturels auxquels ce dernier ajoute, pour former son bénéfice, ceux que produit son travail. Il est donc faux et absurde de dire que le locataire ne reçoit rien en échange de ce qu'il paie. Il n'est pas un seul fermier qui ne hausse les épaules, en lisant ces niaiseries de forme si savante, en réalité si vides.

Proudhon continue avec la même naïve ignorance des phénomènes dont il parle : « La propriété est impossible, parce que là où elle est admise, la production coûte plus qu'elle ne vaut. »

Si cette proposition était exacte, tous les fermiers, et par suite tous les propriétaires seraient ruinés ; le sort de la propriété serait depuis longtemps fixé : elle aurait cessé d'exister.

A diverses époques, comme aujourd'hui, par

exemple, elle a traversé des périodes critiques, éprouvé des souffrances aiguës ; mais, du vivant de Proudhon, c'était chose commune de voir les fermiers s'enrichir, acheter les fermes, soit en bloc, soit en détail. C'est ainsi que le morcellement du sol a atteint en France des proportions inouïes. Comment ce spectacle qui frappait alors tous les yeux est-il resté inaperçu de Proudhon ? Il n'est pire aveugle que qui ne veut voir. Proudhon soutenait une thèse, son siège était fait : que lui importait le sort prospère ou misérable des cultivateurs de son temps ? Une affirmation non vérifiée n'était pas pour l'arrêter.

« La propriété est impossible, dit-il encore, parce qu'elle est homicide » (p. 152.) L'auteur se répond à lui-même : « Ce résultat paraît bouffon. » Un seul mot à changer : ce n'est pas le résultat qui est bouffon, c'est la proposition elle-même. La propriété ne ruine pas le fermier, encore moins le tue-t-elle ; puisque nous venons de voir qu'elle l'enrichit le plus souvent. Dans tous les cas, loin de le tuer, elle le fait vivre, puisque pour payer le fermage, ce qui arrive la plupart du temps, il faut bien que le fermier ait trouvé dans ses récoltes quelque chose de plus que sa nourriture.

Même réfutation, par l'absurde, de la proposition suivante : « La propriété est impossible parce que, avec elle, la société se dévore » (p. 157)

Si cette baroque assertion était vraie, la société se serait dévorée depuis longtemps. Or, la société va sans cesse en augmentant en nombre et en richesse. Bien plus, on admet généralement que le stimulant de l'intérêt personnel mis en jeu par la propriété est la cause la plus efficace du progrès de l'humanité, la condition indispensable de la civilisation.

Il semble inutile d'insister davantage sur l'inanité des démonstrations proudhonniennes : on ne raisonne pas avec un auteur qui déraisonne de parti pris.

Et penser que cet écrivain si vigoureux d'ordinaire, d'intelligence si pénétrante, si étendue, a dit de sa définition : *La propriété, c'est le vol* : « Il ne se prononce pas deux mots comme celui-là dans un siècle ! » Cela prouve simplement que rien n'étant parfait ici-bas, les cerveaux les mieux organisés peuvent contenir quelques vides qui sont comme la marque de la faillibilité humaine (1).

Le droit de propriété était au-dessus des

(1) En étudiant l'organisation politico-religieuse imaginée par Auguste Comte, qui est généralement considéré comme le plus profond penseur de notre siècle, on est stupéfait de voir à quel degré d'aberration mentale peut atteindre l'homme qui ne craint pas de s'atteler à une besogne intellectuelle surhumaine.

attaques de Proudhon. Il est triste de le voir mettre son incontestable talent au service d'une aussi mauvaise cause.

Les socialistes qui ont mené, avec une intelligence infiniment moindre, une campagne furibonde contre « l'infâme capital », n'ont pas toujours fait montre de loyauté dont Proudhon ne s'est jamais départi, au milieu de ses erreurs. On assure que quelques-uns de ces enragés pourfendeurs, riches, conservaient platement, pour en jouir comme de vils aristocrates, cet ennemi sur lequel ils se vengeaient, dans leurs discours et leurs écrits, du culte qu'ils avaient la faiblesse de lui rendre en leur particulier.

Sans éprouver contre le capital cette horreur purement doctrinale, Proudhon visait, sinon à le détruire, du moins à le stériliser. C'est sans doute dans ce but qu'il a créé, à la date du 3 janvier 1849, sa fameuse Banque populaire, au capital de cinq millions, destinée à faire gratuitement aux ouvriers les prêts dont ils pourraient avoir besoin. Il était aisé de pronostiquer le sort réservé à cet établissement modèle de crédit d'un genre si nouveau : avant l'expiration du premier trimestre, son fondateur avait pris la fuite pour échapper à la prison.

Le droit de propriété attaqué par Proudhon a trouvé, avant comme après lui, de nombreux défenseurs. Sans parler de l'éloquente réfutation de Thiers, Auguste Comte, l'un des disciples de Saint-Simon, entre autres, dit de la propriété qu'elle est « une indispensable fonction sociale destinée à former et à administrer les capitaux à l'aide desquels chaque génération prépare les travaux de la suivante». Ces trois lignes contiennent la plus nette, la plus complète, la meilleure réponse aux arguties proudhonniennes.

Comte se range également parmi les défenseurs de l'héritage qui, selon lui, est bien plutôt dans l'intérêt de la société que dans l'intérêt de l'individu. La suppression de l'héritage aurait pour effet de faire passer à bref délai, entre les mains de l'Etat, l'administration de tous les patrimoines. Or, il n'est pas de plus mauvais administrateur, de gérant moins adroit, moins sûr et plus inerte. Pourquoi? Parce que l'intérêt individuel si habile, si soigneux, si avisé, si entendu, parce qu'il est sans cesse tenu en éveil par ce double sentiment : la crainte de perdre, le désir d'améliorer, ferait place à l'indolence, à l'insouciance, en un mot : au *désintérêt* du fonctionnaire, supposât-on même ce personnage choisi parmi les plus compétents ; mais on sait que, dans les choix de ce genre, les influences, la camaraderie, jouent un rôle qui relègue souvent la capacité au rang le plus modeste, quand la jalousie ne l'exclut pas tout à fait.

Ce n'est pas d'ailleurs chez les socialistes, même les plus intelligents, qu'il faut chercher les organisateurs habiles; Cabet, Louis Blanc, Proudhon, nous ont déjà donné lieu de constater l'insanité de leurs conceptions, le piteux, immédiat et lamentable échec de leurs combinaisons, lorsqu'ils se sont avisés de mettre leurs théories en pratique.

L'idole actuelle du socialisme, la lumière du parti, Karl Marx, va nous montrer l'auteur du *Capital* aux prises avec une création plus grandiose : l'association des travailleurs du monde entier, en un mot : l'Internationale. La visée du personnage n'était pas mince, comme on voit ; et, bien que le projet fût en somme assez simple, il était de nature à séduire l'esprit d'un juif allemand, persuadé qu'il avait produit le chef-d'œuvre scientifique du socialisme, en compilant les morceaux d'origine diverse dont se compose son ouvrage *Le Capital.* L'organisation de l'Internationale devait le mettre hors de pair, en le plaçant à la tête du plus vaste gouvernement qu'on puisse imaginer.

Il n'est pas sans intérêt de jeter un coup d'œil sur cette conception dans laquelle le socialisme semble avoir concentré tous ses moyens et toutes ses forces; de tirer de sa singulière et courte fortune, l'enseignement qui s'en dégage.

La réflexion qui d'abord s'offre à l'esprit est celle-ci : en élevant cette nouvelle Tour de Babel, Marx a-t-il oublié l'histoire de l'ancienne? On le dirait, et on pressent que fatalement elle est vouée au même sort.

Nous venons de dire que le projet de l'Internationale était assez simple ; ses grandes lignes n'offraient pas, malgré l'immensité du résultat convoité, une bien sérieuse complication.

L'embrigadement des ouvriers et des sociétés ouvrières déjà formées ne pouvait naturellement se faire en bloc. Les divisions et subdivisions territoriales ou administratives établies à peu près partout, s'imposaient : les premiers annuaires venus en fournissaient le modèle.

A la base, au rez-de-chaussée, si l'on veut, la commune composée des ouvriers et sociétés de travailleurs existant dans son ressort ; au premier étage, la province réunissant les communes ; au second étage, la nation groupant les provinces; enfin, au sommet, l'humanité englobant toutes les nations de l'univers : tel est le couronnement de l'édifice.

Les sections et confédérations, noms donnés aux deux premiers groupements, étaient munies de bureaux respectivement nommés par elles et devaient correspondre avec le Conseil général, lequel, présidé par Marx, planait dans une sphère supérieure en quelque sorte aux empires terrestres, ce qui était de nature à exciter la défiance, voire la jalousie, partant l'hostilité des chefs de ces empires Il était de prudence élémentaire de parer aux dangers qui pouvaient surgir de ce côté. Le grand chef Marx le sentait bien. Il donna à ses visées les apparences les plus modestes, les plus vertueuses surtout. Il s'agissait simplement, disait-il, de créer un centre de communication entre les ouvriers dispersés sur la surface du globe, et ce, dans le but d'améliorer leur sort, sans s'écarter des voies de « la vérité, la justice, la morale, unique base de la conduite de tous les adhérents », avec cette devise pleine de candeur au point de désarmer, de charmer plutôt, les esprits les plus prévenus : « Point de devoirs sans droits, point de droits sans devoirs. »

Cette attitude réservée, si peu en rapport avec l'esprit socialiste, ne pouvait durer longtemps. Les délégués, choisis d'ordinaire parmi les sociétaires les plus disposés aux revendications les plus larges, devaient sous peu, et malgré les conseils des sages et des modérés, se sentir trop à l'étroit dans le cadre initial pour ne pas le briser. La devise : « Point de devoirs sans droits, point de droits sans devoirs » allait bientôt se changer de fait en celle-ci : « Point de devoirs ; droits illimités. »

L'illusion que l'Internationale, la société la plus vaste que l'imagination pût embrasser, recélait une force irrésistible, ne contribua pas peu à précipiter la culbute finale que le destin semble réserver à toute entreprise socialiste.

Le nombre des affiliés devant être formidable, on réduisit aux sommes les plus minimes les charges imposées à chaque adhérent : 50 centimes seulement pour l'affiliation ; 10 centimes par an pour alimenter le fonds général ; plus une cotisation de un à deux francs pour la section ou la fédération. Ces sommes multipliées par le nombre des sociétaires à chiffrer par millions ne pouvaient, pensait-on, manquer de produire des ressources colossales. Quel pouvoir patronal serait désormais en état de résister à une telle concentration de volontés, d'efforts, de capitaux ? L'organisation, la direction et le triomphe des grèves les plus longues, quelle que fût leur extension, ne seraient que jeux d'enfants !

Les débuts de l'Internationale parurent confirmer ces prévisions.

Le premier congrès, réuni à Genève, le 3 septembre 1866, eut d'abord à délibérer sur les statuts rédigés par Marx, sommairement résumés dans les lignes qui précèdent. Ils ne donnèrent lieu à aucune discussion et furent simplement homologués, dès la première séance. Les questions et les vœux discutés dans les séances suivantes indiquèrent à peine les tendances politiques encore peu accentuées des nouveaux associés. Pourtant les délégués français manifestèrent leurs instincts révolutionnaires dès le début de la discussion. Ils proposèrent d'exclure les travailleurs « intellectuels » : journalistes, avocats, phraseurs préoccupés surtout, selon eux, de faire leurs propres affaires, aux dépens et avec l'aide des ouvriers. C'était éliminer tous les organisateurs de l'Internationale : leur motion ne trouva aucun écho chez les délégués des autres nations.

Voici en résumé les vœux qui réunirent la majorité des voix : — la journée de huit heures de travail — l'indépendance de la Pologne — la suppression des armées permanentes. Vœux modestes, en somme, si l'on considère qu'ils étaient purement platoniques. Ce fut assez, néanmoins, pour donner à l'Internationale une notoriété qui grandit rapidement.

La croyance générale à l'énormité des ressources financières de la société nouvelle assura le succès de plusieurs grèves qui, pourtant, ne reçurent qu'un appui pécuniaire insignifiant, notamment celle des ouvriers bronzeurs de Paris, au nombre de 5,000. Les patrons s'imaginant que les grévistes avaient reçu des subsides importants et redoutant les suites d'un chômage prolongé, s'empressèrent d'adhérer à leurs réclamations (1).

De tels exemples, répétés à l'envi par les journaux amis, ne pouvaient manquer de provoquer de nombreuses adhésions : elles se multiplièrent sur tous les points de l'Europe.

Au second congrès réuni à Lausanne, du 2 au 8 septembre 1867, les visées radicales s'accusèrent plus nettement. Ainsi on vota la reprise des chemins de fer par l'Etat. L'opinion publique s'émut peu de ce vote, si grave pourtant, au point de vue des tendances, mais dépourvu de toute sanction. Les Internationalistes interprétèrent ce silence comme une adhésion tacite. Dès lors leurs revendications ne connurent plus de bornes.

On le vit bien au troisième congrès tenu à Bruxelles, du 5 au 11 septembre 1868. Ce n'est plus une simple entreprise financière qui était visée, c'est la propriété du sol et du sous-sol, des terres cultivables et des forêts, soit la suppression de la propriété individuelle qu'ils réclamèrent, mais encore, il est vrai, sous forme de simples vœux.

(1) En réalité, les grévistes n'avaient rien touché, la caisse sociale se trouvant alors à peu près vide, comme elle l'a, du reste, presque toujours été depuis.

Comme on pouvait s'y attendre, d'après le chemin parcouru dans l'espace de deux années, l'Internationale ne s'arrêta pas là. Au congrès tenu à Bâle, du 5 au 12 septembre 1869, la suppression de la propriété individuelle fut considérée *comme un droit.*

La guerre de 1870-71 ne permit pas la réunion du congrès annuel, mais les socialistes parvenus, semble-t-il, à l'extrême limite des revendications possibles, allaient donner contre l'écueil qui semble exercer sur eux une attraction irrésistible. Disposant de tout — théoriquement — les délégués des diverses nations n'avaient plus qu'un progrès à réaliser : faire prévaloir leur opinion personnelle sur celles de leurs rivaux : en un mot, prendre la prééminence et, pour ce faire, se combattre, se déchirer mutuellement : ils n'y manquèrent pas.

Karl Marx, sans réprouver les moyens violents qu'il a toujours admis dans la « guerre des classes », n'a cependant, par une singulière contradiction, jamais abandonné sa thèse favorite du « développement historique et naturel de la société » comportant de « longues luttes » et de « nombreuses transformations » dans les hommes et dans les choses.

A la longue, ses remontrances, sans cesse reproduites, avaient fini par exaspérer les impatients. Aussi la fraction jacobine des délégués, devenue prépondérante au cinquième congrès, tenu à La Haye, du 2 au 7 septembre 1872, témoigna hautement son irritation contre « l'évolution historique chère au Juif allemand ». L'anarchie commençait son œuvre de décomposition.

Effrayé, Karl Marx convoqua un conseil général à Genève pour le 8 septembre 1873. Aussitôt, les dissidents, désormais en possession de la majorité, lancèrent leur convocation pour la même date, en la même ville. C'était sonner le glas de l'Internationale. En effet, ils firent voter par acclamation la suppression du conseil général et des rétributions statutaires pourtant bien minimes. En deux mots : Plus d'autorité, plus de budget.

Décapitée, l'Internationale avait vécu. Sa chute a mis à nu le vice essentiel, fondamental, qui voue à un échec certain toute conception basée sur l'obéissance d'individus chez lesquels est innée l'horreur de toute supériorité, de toute règle, de toute contrainte si légère soit-elle.

Ni subordination, ni impôts : voilà bien l'idéal socialiste ! Ainsi pense l'immense majorité du parti, les chefs exceptés : le sociologue ne peut se faire à l'idée de perdre son ascendant sur les masses. Qu'il le sache pourtant, son pouvoir est des plus éphémères ; vienne le triomphe des idées qu'il a lancées, les passions attisées par lui se donneront libre carrière. Au milieu du déchaînement général, l'écume viendra, comme toujours, à la surface. Le dernier des gredins, si sa violence, son audace ou le hasard le porte à la tête du mouvement, laissera loin derrière lui les « phraseurs » qui lui auront frayé la voie.

Et ce sont ces hommes qui prétendent régénérer la société, l'organiser définitivement. grâce à un système d'eux seuls connu, susceptible de produire un tout homogène et harmonieux, jusque dans ses moindres détails ! Les voilà pris sur le fait d'impuissance dans l'édification de leur œuvre maîtresse, les profonds politiques qui s'arrogent le droit exclusif d'établir les lois auxquelles tous devront obéir. Ils se gardent bien toutefois, dans l'exposé de leurs programmes, de sortir des idées générales, d'entrer dans des détails tant soit peu précis, tant ils ont conscience de l'inanité de leurs projets, de l'impossibilité actuelle de leur réalisation, qu'ils ajournent généralement à une époque que les plus sensés n'osent fixer.

En nous tenant aux idées vagues qu'ils laissent échapper, nous allons montrer l'absurdité de leurs systèmes, où la folie semble véritablement régner en maîtresse.

Dans son *Premier Mémoire sur la Propriété*, Proudhon, la plus forte tête que le parti ait jamais possédée, se moque agréablement de l'objection « banale » que voici : « Partagez aujourd'hui les biens par portions égales ; demain cette égalité aura disparu ».

Cette objection se présente si naturellement à l'esprit, qu'elle est, en effet, *banale*. En voici une autre à ranger dans la même catégorie et qui sert de complément à la première : « Dès le lendemain du partage, la plupart des copartageants qui auront dissipé leur lot, réclameront une nouvelle répartition ». Ceux-là sont, à coup sûr, de vrais socialistes, de ceux que toute inégalité choque, fût-elle la plus naturelle, la plus légitime, ne pût-elle être imputée qu'à leur propre faute.

Certains esprits faux, certaines âmes douées d'une sensibilité maladive, parmi les copartageants dont le lot sera resté intact, trouveront quelques raisons, plaideront les circonstances atténuantes à l'appui de la réclamation, sans prendre garde que ce partage, à recommencer tous les matins, produirait un inextricable gâchis et constituerait une prime sans pareille à la paresse, à la débauche, au gaspillage, toutes choses éminemment propres à entraîner à bref délai la ruine totale et la dissolution de la société la plus prospère.

Les habiles du parti ont bien senti la difficulté. Ne pouvant ni la nier, ni la vaincre, ils l'ont tournée, et, l'opération du repartage à jet continu étant impraticable, on lui a substitué la « socialisation », c'est-à-dire la confiscation par l'État de toutes les propriétés privées, mobilières et immobilières, personnelles et réelles, et l'administration par les habiles en question — naturellement — de cet immense butin dont ceux-ci prendront obligeamment la charge de distribuer la jouissance ou les produits, leur propre part réservée, bien entendu, selon leur bon plaisir. Car il est à noter que ces amis des ouvriers répudient aussi bien la souveraineté du peuple que le suffrage universel qui les jetterait à bas du pouvoir à bref délai. L'expérience de l'Internationale est trop concluante pour permettre le moindre doute à cet égard.

Karl Marx, avec une amertume que le souvenir de sa chute de 1873 n'a pas peu contribué à entretenir, reproche au suffrage universel « d'amuser le peuple avec des fadaises politiciennes ».

Le père du positivisme, Auguste Comte, va plus loin encore. Pour lui, l'expression « souveraineté du peuple » n'a aucun sens. Le peuple n'a que des devoirs : le droit n'existe pas ; pas plus, du reste, que la liberté de conscience. L'étrangeté de ces théories explique le jugement sévère de Stuart Mill, qui impute à Comte « le système de despotisme spirituel et temporel le plus complet qui soit jamais sorti d'un cerveau humain, sauf peut-être de celui de Loyola ».

Comte se rattache pourtant au socialisme par un sentiment qui ne s'est jamais démenti chez lui : sa sympathie pour les prolétaires et sa foi dans leur relèvement moral. Son contact avec Marx existe donc sur deux points des plus importants : la méconnaissance de l'autorité s'exerçant de bas en haut et l'amélioration — selon leurs idées particulières — du sort des ouvriers. En outre, le positivisme, fondé sur l'étude des seuls faits matériels, repoussant les données métaphysiques, spiritualistes, et surnaturelles, concorde également, sous ce rapport, avec le matérialisme hautement affiché par les collectivistes.

Quant au mérite respectif des systèmes imaginés par Marx et Comte, au point de vue de la liberté, n'en déplaise à Stuart Mill, celui de Marx comporte une dose de despotisme qu'aucun autre ne saurait égaler.

Karl Marx, qui paraît avoir mis à contribution presque tous les écrivains socialistes, n'a d'ailleurs rien emprunté à Comte. En revanche, on chercherait en vain dans le livre *Le Capital*, de cet incomparable plagiaire, une idée maîtresse qui lui appartienne en propre, si ce n'est peut-être l'hypotypose célèbre — et absurde — du vampire personnifiant le Capital-Travail-Mort qui trouve sa vie en suçant le sang du Travail-Vivant — image saisissante mais infidèle au point d'être juste le contrepied de la réalité. Sans le Capital-Travail-Mort, qui n'est, en effet, rien autre chose que l'accumulation des économies léguées par le passé au présent pour alimenter le Travail-Vivant, celui-ci serait bien près de périr d'inanition. Or, l'économie accumulée n'est pas, en France du moins, concentrée en un petit nombre de mains ; elle est au contraire dispersée dans une infinité de « bas de laine » populaires. Aussi la révolution sociale aurait-elle peu de chances de succès dans notre pays et le socialisme y poussera difficilement des racines bien profondes du moment où le peuple, qui voit assez clair, apercevra le but auquel ses prétendus amis veulent le conduire.

Un auteur plus modeste et plus sincère que Karl Marx, au lieu d'imiter le geai de la fable, se pavanant, paré, comme on sait, des plumes d'un oiseau mieux vêtu que lui par la nature, restituerait à qui de droit ce qu'il a puisé dans les écrits de Saint-Simon, Fourier, Pecqueur, Vidal, Ricardo, Proudhon, Hégel, Adam Smith, et surtout dans les enquêtes anglaises sur les résultats — au point de vue de la situation misérable des ouvriers — de l'immense développement que l'industrie a pris chez nos voisins d'Outre-Manche, dans la première moitié de ce siècle. Mais l'apôtre du collectivisme s'en garde bien : il prêche d'exemple en prenant « son bien » où il le trouve; ou plutôt en s'appropriant, sans façon, ce qu'il trouve à sa convenance dans le bien d'autrui.

Ce chapitre serait incomplet, si nous ne touchions quelques mots de *l'égalité des salaires*, en faveur de laquelle Proudhon a rompu pas mal de lances.

Dans son *Memoire sur la Propriété*, qui paraît être l'arsenal dans lequel les socialistes ont choisi leurs armes les mieux trempées, l'auteur expose en ces termes, p. 117, le principe sur lequel s'appuie sa théorie : « Tout produit demandé doit être payé ce qu'il a coûté de temps et de dépenses, *ni plus, ni moins* ».

Etablissant, d'après cette règle, la parité de valeur entre deux produits obtenus « dans le même temps et avec la même dépense », nous allons former quelques équations qui nous édifieront, en un instant, sur le mérite du procédé proudhonnien :

1. Un sac de blé du poids de 50 kilogrammes, récolté par un cultivateur ordinaire, *vaut* quatre sacs de froment de première qualité formant un poids de 300 kilos, récoltés par un agriculteur expérimenté, sur un terrain préparé dans les meilleures conditions : ainsi le veut Proudhon.

2. Un hectolitre de piquette « de pays » *vaut* deux hectolitres de Chambertin *soigné* par un viticulteur consommé : encore l'application stricte de la règle de Proudhon.

3. Une paire de sabots faite par un ouvrier ordinaire *vaut* deux paires de sabots mieux faits par un ouvrier plus expéditif et plus adroit : toujours en appliquant la règle proudhonnienne.

On pourrait varier les exemples à l'infini sans quitter la catégorie des objets fabriqués dans le même temps, avec la même dépense, dans lesquels « le tour de main » de l'ouvrier joue le principal rôle. Il n'y a pas deux de ces objets qui se ressemblent et aient si exactement la même valeur, qu'il n'existe aucune raison de préférer l'un à l'autre, au point de payer plus cher pour l'obtenir. Du moment où on les tarifera au même chiffre, on peut être sûr de voir les mieux faits disparaître. Pour quel motif, en effet, l'habile sabotier qui gagnera *le maximum* de son salaire, en livrant une paire de sabots ordinaires, s'appliquerait-il à en faire des chefs-d'œuvre de sabotage? L'émulation étant détruite, le progrès se trouvera subitement enrayé sur toute la ligne et dans toutes les branches de production. Il serait insensé de conserver le moindre doute à cet égard.

Il est à peine besoin d'ajouter que la règle

d'évaluation ci-dessus ne souffre aucune exception. Proudhon l'applique au savant comme au manœuvre ; aux travaux les plus vils et aux professions les plus relevées ; il trouve même que ces dernières sont favorisées par l'identité du tarif, l'exercice en étant plus agréable et moins pénible.

Proudhon ne fait pas fi de la littérature, et, bien qu'il évalue à zéro le travail des auteurs de romans-feuilletons, il ne paraît pas éloigné d'attribuer un « prix infini » à l'*Iliade*, à la condition toutefois, ajoute-t-il, que le public ne refuse pas de l'acheter. Mais comment Homère vivra-t-il, en attendant cet achat ? Voilà un point secondaire peut-être pour la société, mais capital pour Homère, sur lequel Proudhon ne s'explique pas.

« Un poème, dit-il, qui aurait coûté à son auteur trente ans de travail et dix mille francs de frais de voyages, livres, etc., doit être payé par trente années d'appointements ordinaires d'un travailleur, plus dix mille francs d'indemnité. » Fort bien. Conclurons-nous que le travailleur étant payé à la journée, à la semaine ou au mois, les appointements du poète lui seront servis dans les mêmes conditions de périodicité, et que les frais de voyages, livres, etc., lui seront avancés par la société ?

Dans ce cas, on peut prévoir une ère de

grande fécondité en poètes démocratico-socialistes. Nombreux seront les Homères qui s'offriront à toucher, pendant trente ans, en sus de leurs appointements, des frais de voyages, livres, etc., à la charge de fournir, au bout de ces trente années, une *Iliade* qui pourra n'avoir, avec l'ancienne, sous le rapport de la poésie, qu'une ressemblance un peu lointaine : il faut tenir compte des progrès de la littérature.

Les hauts dignitaires du socialisme trouveront aisément dans leurs familles les poètes nécessaires. Quant aux *Iliades*..... Hum !

Collectivisme

Le Capital de Karl Marx passe pour être l'Evangile du collectivisme. Les écrits de Bebel et les résolutions du congrès d'Erfurt semblent avoir donné la formule définitive de la religion nouvelle : « L'appropriation par l'Etat et la mise en œuvre par lui de tous les moyens de production. »

Inutile de nous occuper des opinions des sociologues français : ils suivent les allemands avec une docilité et une exactitude si moutonnières qu'on croit parfois les entendre bêler.

Selon Marx, qui, à son habitude, répète quelqu'un — ici, c'est Hégel — le collectivisme, terme ultime de l'évolution historique, succédera naturellement à l'ancien état social, comme les conditions de la société actuelle ont remplacé celles des sociétés antérieures. Toutefois, bien que ce progrès soit fatal et naturel, ce digne homme déclare que les « moyens violents » peuvent aplanir les voies... à la façon sans doute dont une pincée d'arsenic avance, pour certains héritiers impatients de jouir, l'ouverture de la succession qu'un vieillard, jugé par eux inutile et gênant, s'obstine à leur faire attendre trop longtemps.

Le lecteur ne serait peut-être pas fâché de savoir ce qui résultera de la substitution du régime collectiviste au régime « bourgeois », surtout s'il s'attend à jouir des avantages ou à pâtir des inconvénients de cette transformation. Nous allons satisfaire à ce légitime désir, en levant un coin du voile qui cache cet avenir passablement embrumé.

En nous éclairant à la double lueur des déclarations des gros bonnets du parti, et aussi — et surtout — de leurs réticences, nous dégagerons aisément de la loi nouvelle, certaines conséquences inéluctables sur lesquelles nos marxistes

Imitent de Conrart le silence prudent.

Le travail étant l'unique source de la richesse, comme Marx le proclame solennellement — après Adam Smith — toutes les richesses appartiennent aux travailleurs. Donc, sans s'inquiéter si les riches actuels ont été ou non des travailleurs — créateurs de leur richesse — on la leur prend pour la socialiser, c'est-à-dire l'attribuer, au moins pour partie, à d'autres, travailleurs ou censés tels, qui ne l'ont certainement pas créée.

N. B. — Le mot « richesse » comprend toute propriété privée, quelle qu'en soit l'importance.

Ainsi la maison que vous avez achetée de vos deniers, héritée de votre père ou bâtie de vos propres mains, le lit où vos parents ont rendu le dernier soupir, le berceau de vos enfants, la table autour de laquelle votre famille se réunit, jusqu'au siège antique où vous aimez à vous reposer après le rude travail de la journée, tout sera « socialisé », réuni à la masse commune, puis distribué à qui bon lui semblera, par la société qui vous logera et meublera, selon son bon plaisir.

C'est là un des points qui n'ont pas été portés à la connaissance du public. Les questions épineuses sont toujours mises à l'écart ; on n'ouvre sur l'avenir que les perspectives qui peuvent séduire. Mais il tombe sous le sens que les logis et les mobiliers rapportés à la masse ne pourront être distribués que selon les indications de ceux qui en seront chargés par la société.

En commentant à leur façon les pures théories socialistes, nombre de maçons ont conçu l'espoir d'habiter enfin les palais qu'ils ont bâtis. Les décisions des congrès de Gotha en 1875, de Halle en 1890 et d'Erfurt en 1891 sont muettes sur ce sujet brûlant; mais quelques indiscrétions permettent de supposer que les chefs sont peu favorables à cette solution, qui procède du reste d'une saine appréciation socialiste des droits indiscutables et imprescriptibles des ouvriers sur le travail qu'ils ont fait. Les chefs ont remarqué que la prétention des maçons soulèverait des compétitions sérieuses de la part des extracteurs et tailleurs de pierre, extracteurs de terre à briques, tuiliers, ardoisiers, bûcherons, scieurs de long, charpentiers, menuisiers, sans compter l'armée des forgerons, lamineurs, plâtriers, serruriers, vitriers, peintres, et une infinité d'autres collaborateurs à l'industrie du bâtiment. Il y aurait là une source de conflits déplorables, et c'est justement ce qui fait qu'on n'a pas mis la question sur le tapis. Mais il est d'ores et déjà entendu que dans un but d'apaisement, les sociologues qui n'ont rien construit

— que des phrases — et sont, par conséquent, désintéressés dans le débat, feront à leurs principes égalitaires le sacrifice de devenir les hôtes des somptueuses demeures garnies, comme il convient, de mobiliers riches et artistiques, en rapport avec les édifices qu'ils occuperont.

Les administrateurs, directeurs, chefs, sous-chefs, contremaîtres et autres préposés seront installés dans des conditions assez confortables pour accueillir convenablement les citoyens qui auront affaire à eux et pourraient souffrir d'être reçus dans des taudis indignes de la Majesté collectiviste.

Les maisons ordinaires, chaumières et taudis, seront répartis entre les simples membres collectivistes. Attendez-vous donc, pour n'avoir pas de surprise désagréable, à ce que la Société vous loge et meuble de façon plutôt modeste, sinon misérable.

Et ce n'est pas tout !

Elle vous assignera le genre de travail que vous aurez à faire, la tâche que vous devrez accomplir, pour avoir droit au « bon de travail », unique signe désormais de votre avoir personnel. Ce *bon de travail* sera le seul moyen de vous procurer ce qui est nécessaire aux besoins de l'existence. Point de travail, point de bon ; telle est la loi dont voici la sanction : point de bon, point de pain. Le paresseux qui n'a pas le courage de gagner le *bon* nourricier, l'étourdi qui le perd ou se le laisse voler, le malade, l'impotent, dont les excuses ne sont pas agréées par le dispensateur des bons, frappent inutilement à la porte du boulanger. Tous ces gens là sont *illico*, sans jugement, ni enquête, ni procédure quelconque, condamnés à jeûner, voire à mourir de faim, résultat qui se produit généralement au bout de peu de jours, quand le jeûne se prolonge.

Ici se présente cette réflexion : la monnaie, ce signe visible et tangible de « l'infâme » capital, étant supprimée, comme le capital lui-même, chaque achat devra-t-il être de la valeur d'un *bon*, ou le *bon* se fractionnera-t-il ? De quelle façon ? On n'aperçoit pas clairement un fractionnement qui diffèrerait de notre menue monnaie sans lui être notablement inférieur.

Or, si la menue monnaie était maintenue, comment empêcher la thésaurisation, la reconstitution du capital et — comble d'horreur — le commerce clandestin ? Car désormais tout commerce est supprimé et rigoureusement interdit : c'est la Société seule qui délivrera aux citoyens ce dont ils auront besoin, contre paiement en bons de travail : la loi est formelle à cet égard.

Des questions d'un autre ordre surgissent en foule, attendant des solutions qui ne semblent pas près de voir le jour.

La religion collectiviste n'ayant pas sans doute la prétention de supprimer instantanément les passions humaines : l'amour ou la haine, partant la partialité, la jalousie, la méchanceté, ou tous autres ferments d'iniquité, il pourra arriver que le chef, inspecteur ou contremaître préposé à la surveillance du travail ou à la délivrance des bons, s'il est par hasard mal disposé à votre égard ; si votre tête lui déplaît ou si la tête de votre fiancée lui plaît trop, vous juge incapable de travailler à votre atelier, vous expédie ou vous fasse expédier dans un autre où il faudra vous rendre, sous peine de vous voir refuser le bon représentant la pitance quotidienne. Dans ce cas, ce bon vous paraîtra peut-être cicatriser, d'une façon incomplète, la blessure ouverte dans votre cœur, par la pensée que les us collectivistes permettent à un tiers, sans que vous puissiez y mettre aucun obstacle, de faire la cour à votre place et de consoler votre dulcinée du chagrin de votre absence.

Que si vous prenez la chose au tragique et, ayant économisé quelques bons qui vous mettent, comme on dit, du pain sur la planche, vous faites la mauvaise tête, exhalez des plaintes, proférez des menaces, vous abouchez avec d'autres mécontents et vous heurtez, imprudent, à la coterie des chefs..... prenez garde !

Ce n'est plus ici comme dans la société

« bourgeoise », société bonne enfant, sans rancune, sans haine préconçue, où le bon ouvrier quitte, sans crainte, un patron, sûr d'en retrouver un autre.

En collectivisme, l'Etat, représenté par une oligarchie toute puissante, en possession de tous les instruments de travail, ce qui comprend l'universalité des moyens de travailler, seule dispensatrice de toutes les faveurs, comme de tout ce qui entretient la vie matérielle, fait tout, voit tout, sait tout. En vain vous feriez appel à la presse : toutes les imprimeries sont entre ses mains ; aucune n'accorderait la moindre publicité à vos jérémiades.

Que faire?

Courber la tête, aujourd'hui comme hier, demain, toujours!

Le temps est passé où l'insurrection était « le plus saint des devoirs ». Ce serait la plus folle et la plus inutile entreprise que de tenter une révolte, que de chercher à organiser un soulèvement ; vous ne trouveriez pas un copain pour vous aider à lever un pavé, pas un fusil à braquer derrière. Il faut en faire votre deuil!

En effet, quelle résistance opposer à celui qui, à son gré, creuse ou remplit votre estomac, vous accorde ou refuse les soins nécessaires à votre santé, à celle de votre famille, fixe votre résidence, combat ou satisfait vos goûts ou vos penchants, dispose, en un mot, non seulement de vous, mais de tous les vôtres ?

Votre fils tient, de sa mère issue d'une famille de parfumeurs renommés, un appareil olfactif d'une exquise délicatesse. Volontiers vous le lanceriez dans l'industrie de la parfumerie, illustrée par ses ancêtres maternels et pour laquelle il montre une aptitude et un goût très prononcés. Vous faites une demande en ce sens : les règlements collectivistes vous accordent cette insigne faveur de pouvoir aspirer à tout et même solliciter les emplois les plus élevés, ce dont vous n'êtes pas peu fier si vous avez l'âme d'un bon et loyal collectiviste.

Peu après, votre contremaître vous rend visite : On l'a chargé de vous exposer la situation. La parfumerie regorge de candidats ; en revanche, les vidanges publiques manquent de sujets ; le personnel, extraordinairement surmené, est littéralement sur les dents. Bon gré, mal gré, le nez de votre fils devra se diriger de ce côté. Il faut manger, par conséquent gagner des bons : la faim n'attend pas.

Quant à votre fille, qui a des doigts de fée, et, quoique toute jeune encore, est déjà passée maîtresse dans tous les travaux à l'aiguille, son atelier devant être supprimé, vous seriez désireux de l'introduire dans ceux de la capitale où elle a une parente. Au dire de ses supérieures, elle ne saurait manquer d'y briller parmi les plus habiles. Vous ne doutez pas de réussir.

Votre contremaître revient plus diplomatique encore que la première fois. On a vu des travaux de votre fille ; ses talents sont appréciés comme ils le méritent. Malheureusement, son physique un peu ingrat la rend inacceptable. Avec tous les ménagements requis, on vous fait observer qu'on n'admet dans ces ateliers que des jeunes personnes d'un extérieur agréable, pour rehausser l'éclat des cérémonies publiques et orner les réunions solennelles des grands dignitaires de l'Etat.

A part ces légers déboires, vous avez toute latitude pour la satisfaction de vos désirs, toutes les libertés possibles et compatibles avec l'ordre collectiviste. Avec vos bons de travail, vous vous procurerez tout ce que vous pouvez souhaiter de bon et de beau... à moins qu'on n'ait omis de le produire en quantité suffisante et selon vos idées particulières. Il ne faut pas non plus être trop difficile, et vous devez vous rendre compte que ce n'est pas un problème insignifiant à résoudre que de prévoir les besoins et les goûts futurs de tous les citoyens et citoyennes, grands et petits, gros et fluets, jeunes et vieux, et surtout les caprices de la mode. Si vous ajoutez à cette difficulté si grave, les inconvénients résultant des accidents divers : incendies, inondations, épidémies, etc., vous voyez que les facultés divinatoires dont seront certainement doués les administrateurs préposés à la Production, seront mises à de rudes épreuves. Il leur faudra pourvoir à toutes les demandes et, en même temps, notez ce point-ci, en prévoir la limite exacte, toute surproduction étant contraire aux principes fondamentaux du collectivisme, car elle infligerait un surcroît de travail aux ouvriers qui doivent, au contraire, voir diminuer graduellement le temps consacré au labeur quotidien. Les huit heures réglementaires sont un maximum ; la société collectiviste a pour premier devoir de les réduire à six, à quatre et même à deux heures et au-dessous. Limitation au strict nécessaire de l'effort humain, augmentation progressive de la « puissance de consommation » : telle est la loi suprême du collectivisme ; tel est le but auquel tous doivent tendre.

Ce qu'on appelle travail à façon, à la main, sur commande, vestige honteux de l'esclavage antique, devra disparaître ou être restreint dans les plus étroites limites, et remplacé par le travail des machines, plus homogène, plus conforme aux principes égalitaires qui excluent toute apparence de domesticité.

Il pourra arriver que, dans les magasins de votre voisinage, on n'ait pas reçu ce qui vous plait ou vous conviendrait. Il faut tenir compte des erreurs dans les prévisions et dans les envois, des fausses directions, des malfaçons et, à plus forte raison, des imperfections qui vous sont personnelles.

Etes-vous incommodé d'une protubérance dorsale, abdominale ou autre, en désaccord complet avec les coupes règlementaires des ateliers de confection collectivistes ? Un caprice de la nature ou le hasard d'un accident vous a-t-il affligé d'un bras, d'un genou, d'un pied qui semble plutôt la caricature que le frère jumeau de l'autre, et se refuse à recevoir un vêtement ou une chaussure de même forme ou dimension ? Il est clair que vous ne sauriez faire remonter la responsabilité de ces intransigeances aux Comptabilités supérieures, et trouver mauvais qu'on ne les ait pas prévues en fabrique. Votre *bon* vous donne droit à une paire de bottines ; en voici une : libre à vous de lui faire subir les modifications exigées par votre cas particulier.

Vous avez toujours eu horreur de porter du vert. Par malheur, votre répulsion pour cette couleur — si admirée pourtant dans les paysages de nos meilleurs artistes — est partagée par la plupart de vos concitoyens. Aussi, après avoir épuisé tous les bleus, rouges, violets, marrons, bruns, gris et jusqu'aux nuances vertes les plus indécises, n'ont-ils laissé que les verts crus qui donnent en ce moment au magasin l'aspect d'une prairie.

Vous vous récriez ! A quoi bon ? A moins de vous résigner à une tenue que certaines convenances et d'ailleurs la rigueur de la température ne permettent pas, vous et tous ceux qui vous suivront, jusqu'à un nouvel envoi des ateliers de confection, endosserez des costumes qui, sous peu, mettront la population de votre localité en état de soutenir brillamment la comparaison avec une nuée de perroquets. Au bout de quelques jours, vos yeux se seront habitués à ce spectacle bizarre qui ne vous choquera plus ; peut-être même finira-t-il par vous plaire. Le choix de cette couleur ayant au surplus reçu l'approbation de la Commission supérieure de Production, vous ne sauriez avoir un instant l'idée que les caprices de votre goût doivent prévaloir sur la haute raison sociale qui a déterminé sa décision.

Pour des motifs analogues, les citoyennes collectivistes devront mettre un frein à leur manie de changer constamment la forme et la couleur de leur toilette. Si les enfants grandissent trop vite, il leur faudra se contenter de vêtements courts et étroits. Il est clair enfin que tous, et surtout les géants et les nains, les étiques et les obèses, devront se prêter de bonne grâce à l'utilisation des objets fabriqués, pour éviter les pertes d'approvisionnements et les expéditions fréquentes de nature à occasionner un surcroît de travail.

L'insuffisance des approvisionnements alimentaires, particulièrement, peut résulter de causes non imputables aux travailleurs de la terre. L'homme ne commande pas aux éléments ; il est forcé de subir les intempéries, de ramasser telles quelles les moissons altérées dans leur quantité ou leur qualité par la sécheresse ou l'humidité, le froid excessif ou la chaleur torride, la grêle, la foudre, etc. Karl Marx, dans sa sagesse, a établi une règle qui remédie de la façon la plus ingénieuse aux conséquences de ces désordres de l'atmosphère, c'est le rationnement. Ainsi fait-on sur les navires en détresse et dans les villes assiégées. Chacun s'y soumet sans murmures. Les collectivistes, si noblement imbus en immense majorité du sentiment sublime de la solidarité, se feront un devoir, sinon une joie, de se priver pour leurs frères.

Inutile de dire que Marx supprime la guerre. Le nombre des philosophes qui de tout temps ont préconisé ce progrès (1) est si considérable, que Marx ne saurait en accaparer l'honneur,

(1) Grotius, Leibnitz, J.-J. Rousseau, Kant et *tutti quanti*.

non plus que celui de la suppression des frontières qui semble l'une des conditions essentielles de l'application de son système. Si, en effet, la religion collectiviste n'étendait pas ses rameaux sur toutes les parties de l'univers, on ne voit pas comment pourrait se faire le commerce extérieur après la disparition de la monnaie. Les peuples réfractaires aux bienfaits du marxisme ne livreraient sans doute pas, contre des bons de travail, leurs matières premières nécessaires à l'approvisionnement des ateliers sociaux, et les produits alimentaires destinés à compenser l'insuffisance des récoltes, imputable, soit aux perturbations atmosphériques, soit à la défectuosité du travail agricole, limité à un nombre d'heures qui pourra devenir trop restreint, dans les conditions prévues ci-dessus.

Dans la société « bourgeoise », par exemple, on voit, non pas fréquemment, mais toujours, le cultivateur, à l'époque des labours, des semailles, de la moisson surtout, pressé par le désir d'accroître la quantité et la qualité du rendement, surveiller nuit et jour l'état du ciel, profiter de tous les instants favorables à telle ou telle opération, se levant avant l'aurore, se couchant après le crépuscule, dormant peu, quelquefois point ; et, après tant de peines, de labeurs acharnés, s'estimer trop heureux, si le succès couronne ses efforts ; se promettre de faire mieux encore, s'il le peut, l'année suivante ; car il tient à mettre à profit l'expérience si chèrement acquise. On ne saurait imaginer besogne plus rude, tourment plus intense !

La vigueur du corps, l'énergie de l'âme, la satisfaction du devoir accompli : voilà la première et encore la meilleure récompense de ce vaillant qui, sans être riche, ne jalouse personne et mérite l'estime de tous.

Autant en peut-on dire du travailleur intellectuel dont le cerveau est en ébullition, lorsqu'il suit une piste qu'il sent bonne. Il n'aura ni calme, ni trêve, ni repos, tant que l'idée entrevue ne sera pas saisie, creusée à fond, fouillée en tous sens, bref, mûrie, prête à éclore et à révolutionner la science, la littérature, l'art ou l'industrie !

Ces abominables surmenages ne seront plus tolérés sous le régime collectiviste. Ils engendreraient fatalement une inégalité odieuse dont la seule pensée fait bondir les cœurs sincèrement démocratico-socialistes. Pour couper court à toute velléité de supériorité quelconque, on ne permettra qu'un nombre restreint d'heures de travail quotidien, fixé d'avance à tel ou tel moment de la journée. On entrera ainsi en plein dans les idées de Gracchus Babeuf qui avait déjà fulminé contre *toute supériorité*. Il voulait qu'elle fût « réprimée *sévèrement* et même *poursuivie comme un fléau social* ». Tout le collectivisme est en germe dans cette grande pensée d'un démocrate, qui considérait sans doute comme un *bienfait social* les actions d'éclat qui l'ont conduit à l'échafaud.

Faute d'une tâche accomplie au moment propice, une récolte vient-elle à manquer, ou, si elle arrive à point, la pluie ou la grêle la réduisent-elles à néant, pendant les heures de repos règlementaire des ouvriers collectivistes ? Les règles sociales ne sauraient plier devant la brutalité de ces contretemps. Depuis assez longtemps l'homme rampe devant eux comme un esclave : il est temps qu'il les regarde du haut de son dédain. Si un déficit se produit dans la moisson, le rationnement fonctionnera, et, grâce à ce providentiel procédé, la balance entre la production et la consommation s'établira sans aucun trouble, sans l'ombre d'une difficulté, démontrant ainsi, aux plus incrédules, l'excellence des règles marxiennes.

Il faut tenir compte d'ailleurs du développement et du perfectionnement du machinisme qui permettra d'augmenter le produit du travail, avec une notable économie de l'effort humain... à moins que l'étouffoir du collectivisme ne tarisse la source de ce progrès, comme de tous les autres.

D'autres inconvénients rompront, du reste, l'équilibre rétabli de cette façon. Les instruments compliqués et délicats confiés à des ouvriers qui n'auront aucun intérêt personnel à leur conservation se trouveront exposés à de fréquentes détériorations qui entraineront un arrêt forcé du travail des sociétaires chargés de les conduire. En pareil cas, délivrera-t-on des bons de travail aux ouvriers mis dans l'impossibilité de travailler ? La négative aurait cela de cruel que le *bon* refusé à l'*inactif malgré lui*, équivaut à une condamnation à jeûner ou à mourir de faim, car nous le savons : point de bon, point de pain.

En vain se flatterait-on de prévenir ces inconvénients par une surveillance plus étroite : nulle surveillance ne remplacera l'attention de celui dont l'intérêt personnel est en jeu. Il est, au surplus, des cas où toute surveillance est impossible. Comment surveiller, en effet, le travail du chasseur ou du pêcheur ? Le filet ou le carnier rapportés vides seront-ils considérés comme une preuve d'inaction entraînant la privation du bon ? Rien de plus injuste encore, à moins de fournir au pêcheur ou au chasseur le moyen de faire venir à lui la proie qui cherche toujours et parvient souvent à se dérober. Rien de plus injuste et aussi de plus cruel ; car c'est encore le jeûne ou la mort d'inanition infligée au malheureux, coupable seulement de malechance...

D'un autre côté, payer d'un bon un travail sans produit aucun, c'est compromettre, d'abord, l'équilibre entre la production et la consommation et, de plus, le repas des sociétaires qui comptaient sur le gibier ou le poisson. Il est vrai qu'à une période de jeûne, conséquence de l'application, en ce cas, du principe tutélaire du rationnement, pourra succéder, lorsque la pêche aura été très abondante, une période de bombance, bombance obligatoire, le poisson hors de l'eau ne se conservant pas. Les estomacs collectivistes sauront se contenter de ces compensations.

Il serait aisé de multiplier les exemples d'incidents ou d'accidents qui rendraient impossible l'organisation d'une comptabilité se pliant à toutes les vicissitudes de la production, à tous les besoins de la consommation, impossible le recrutement d'un personnel à la fois assez habile pour les prévisions exactes et indispensables, et assez actif pour la direction de l'immense quantité de services destinés à remplacer les mille et mille branches du commerce actuel et à satisfaire aux demandes du monde entier.

Et, pour suprême difficulté, ce personnel fût-il réuni, il faudrait qu'il administrât avec l'impeccabilité et l'impartialité absolues desquelles dépend l'existence des membres que la Société devra élever, soigner, entretenir, instruire et diriger, depuis le berceau jusqu'à la tombe. Car, il ne faut pas l'oublier, ce n'est plus l'être humain, jusque-là maître de lui-même, qui devra pourvoir à sa vie matérielle, il ne lui en restera ni la faculté, ni les moyens, le cas de vol excepté. C'est à l'Administration qu'incombera ce soin. C'est, en définitive, le droit de vie et de mort sur leurs semblables qui se trouvera remis entre les mains des inspecteurs du travail chargés de la délivrance des bons.

Quant à la vie intellectuelle et morale, l'arbitraire ne sera pas moins choquant. Le collectivisme, carrément et foncièrement matérialiste, comme on sait, distribuera, dirigera et dosera l'instruction et l'éducation comme bon lui semblera. Qui donc l'en empêcherait ?

Dans cet affaissement universel qui relègue l'ex-citoyen au rang de l'ilote, que pourrait-il bien rester debout, des droits conquis, après tant de siècles de souffrances, au prix de tant de luttes et de sang ? Que sont devenues ces libertés « absolument inviolables » placées par Louis Blanc au dessus du droit même des majorités ?

Où se réfugierait la liberté de la Presse, quand toutes les imprimeries et tous les services de publicité sont entre les mains de l'Etat ? Où la liberté de conscience, quand toutes les écoles, toutes les bibliothèques, tous les musées, tous les temples, églises, synagogues, presbytères, couvents, sont sous la domination de chefs qui n'ont de comptes à rendre à personne?

Peut-on dire que subsiste même le droit au travail, quand, par une amère dérision, le Collectivisme a converti le travail libre en véritables travaux forcés, puisqu'il impose la tâche à faire et le salaire dont il la paie, sous réserve, encore, de la faculté d'établir le rationnement ?

On le voit, pour qu'un tel régime puisse être accueilli un instant par une imagination candide, un personnel réunissant toutes les perfections, remplaçant, en quelque sorte, ce que d'autres appellent la Providence divine, serait de rigueur à la tête de l'immense machine. Autrement l'humanité courrait tête baissée à un effroyable cataclysme. Or, la perfection ne s'étant pas encore rencontrée ici-bas, si elle continue à faire défaut sur notre planète, l'établissement du collectivisme, sans cette indispensable condition, constituerait la plus imprudente, la plus folle des évolutions sociales à tenter par des peuples riches, fiers et indépendants.

Les collectivistes sentent bien, d'ailleurs, qu'ils seraient mal venus à la proposer maintenant. Selon les plus autorisés, de *longs efforts* sont nécessaires, de *nombreuses luttes* sont à soutenir, avant que la maturité du fruit de leurs travaux permette de le cueillir, et, quoi qu'ils disent des signes précurseurs du régime de leurs rêves, il semble, au contraire, que l'humanité s'en éloigne chaque jour davantage. Jamais le citoyen n'a été plus jaloux de ses droits, de son, indépendance, de la liberté absolue de ses mouvements. Et on croit qu'il irait troquer tout cela contre une chaîne plus lourde cent fois qu'aucune de celles qu'ait forgées l'imagination des tyrans les plus féroces !

C'est le comble de l'illusion !

On pourrait se demander par quels artifices oratoires les ergoteurs du socialisme contemporain espèrent amener le « Prolétariat » à tendre la tête au licol qu'ils confectionnent à son intention, si Proudhon, leur maître ès paradoxes, n'avait déjà prouvé qu'il n'est bourde si épaisse, pilule si amère qu'on ne parvienne à lui faire avaler, en les couvrant d'un vernis d'apparence scientifique.

Voici en deux mots la thèse que soutiennent ces pseudo-docteurs :

La révolution « bourgeoise » de 1789, sous couleur d'affranchissement et d'égalité, a, en réalité, institué l'Individualisme, dont le prolétariat est, en définitive, la victime. La révolution sociale consistera essentiellement dans la substitution de l'Altruisme à l'Individualisme.

« Altruisme » n'est pas très clair, raison de plus pour l'adopter. Ce mot barbare forgé par Auguste Comte, signifie, pour nos sociologues, *l'attachement à la Collectivité*. Il faut bien, en effet, attacher à quelque chose le citoyen qu'on détache de lui-même, ou, pour parler net, auquel on enlève sa liberté. Le tout est de savoir s'il y aura compensation, une fois le troc accepté par lui.

Les exemples ne manquent pas pour l'édification de ceux qui veulent réfléchir avant d'accepter ce marché de dupes. Nombreuses sont les contrées où l'Individualisme est totalement inconnu, où, en revanche, l'Altruisme brille de tout son éclat. Elles foisonnent dans les îles Océanniennes, dans l'Asie centrale; nos explorateurs les rencontrent à chaque pas dans leurs expéditions au cœur de l'Afrique. Là, chaque membre de la peuplade, attaché à la Collectivité, comme le chien à son maître, non seulement n'a pas l'ombre de l'un de ces « droits naturels » considérés comme sacrés par Louis Blanc, mais encore jouit à peine des simples facultés individuelles qui ne s'appuient pas sur une force brutale suffisante pour les faire respecter ; sa vie même ne tient jamais qu'à un fil.

Voulez-vous une image réduite, mais exacte

du Collectivisme universel dont l'Individualisme sera banni ? Reportez-vous à l'état du Dahomey avant la conquête française et demandez-vous si vous croiriez avoir atteint la suprême béatitude, en devenant le sujet de quelque Behanzin.

Voyez-vous la Suisse, par exemple, où « la lèpre de l'Individualisme » exerce les mêmes ravages qu'en France, voyez-vous la Suisse descendant un jour de ses fiers sommets pour tomber si bas, en passant sous le joug de l'Altruisme?

Voilà pourtant, dépouillé de tout artifice, le projet que caressent nos sociologues et qu'écoutent, sans rire ni trembler, de braves gens auxquels une surexcitation sans fondement sérieux enlève la claire vision du piège grossier qu'on leur tend.

Il est à peine croyable qu'à la fin d'un siècle où l'intelligence humaine s'est affirmée par tant de manifestations éclatantes, où les recherches historiques, en particulier, ont été couronnées de tant de lumineuses découvertes, on en soit réduit à rappeler que tout progrès accompli par l'homme, en d'autres termes, chacune de ses ascensions à une plus haute somme de possessions matérielles et morales, a été une conquête de l'Individualisme sur la barbarie primitive.

Résumons-nous. Théoriquement, le Collectivisme est absurde ; pratiquement, il est impossible. Il viole ouvertement les plus puissants, les plus nobles instincts de l'homme ; il enserre dans un inextricable réseau, cette spontanéité rebelle à toute impulsion étrangère qui est le premier besoin de sa nature, sa dignité, sa gloire.

En un mot, le Collectivisme réduit le roi de la création à l'état de brute égalitaire. Nul individu doué du plus simple bon sens n'acceptera cette déchéance.

Anarchie.

Certains socialistes trouveront peut-être excessif de présenter l'anarchie comme une suite naturelle et logique du socialisme et du collectivisme. Nous nous contenterons de leur rappeler cette déclaration de l'un des chefs — et non des moindres — du socialisme français : « Socialisme et Anarchie, au fond, c'est la même chose (1). »

---

(1) Dans la séance de la Chambre des députés du 24 novembre 1898 (interpellation Dejeante), Vaillant, reprenant la thèse de son ami Dejeante, a déclaré que les socialistes sont, à certains points de vue, *très près des anarchistes*. Un socialiste inconnu a protesté. Le silence de tous les autres a une éloquence sur laquelle il est inutile d'insister.

L'aveu est bon à retenir. Rien n'est plus vrai, d'ailleurs : la différence entre les deux n'est que superficielle, c'est-à-dire plutôt apparente que réelle.

Benoît Malon, l'historien du parti, qui paraît avoir fait l'étude la plus complète des théories chères à son cœur, compte huit espèces différentes de collectivisme ; il a sans doute entendu classer dans huit catégories , les principales divisions. Quant aux subdivisions, elles sont innombrables : on ne trouverait peut-être pas deux collectivistes qui pensent absolument de même sur tous les points, et surtout qui soient disposés, le moment venu, à céder la moindre parcelle de leur opinon à celle de leur voisin. L'accord parfait n'existe que sur la nécessité de détruire la société actuelle et de la réorganiser sur d'autres bases. C'est justement au moment de la réorganisation que la lutte s'engagerait entre les subdivisions et que le régime de la véritable anarchie battrait son plein.

Qu'on ne croie pas, du reste, que la solution des questions du travail, des salaires, des rapports des ouvriers entre eux ou avec la Société, mettrait fin à la discorde ; il en surgirait une foule d'autres aussi épineuses.

Le féminisme, d'abord, entrerait en lice, produisant des revendications non moins acerbes et infiniment plus délicates. Quand on en aurait fini avec le droit au travail, il faudrait aborder le droit au mariage, les unions libres, les unions multiples, la communauté, les questions relatives aux enfants, et mille autres complications dont le détail sortirait du cadre de cette étude.

Rentrons dans notre sujet en constatant à nouveau que la chute de l'Internationale, dans les conditions relatées plus haut, est une démonstration éclatante de l'existence du ferment anarchiste que le socialisme contient essentiellement en lui-même.

Nous rappellerons, d'ailleurs, que l'anarchie se rattache au socialisme par un lien indissoluble : C'est Proudhon qui l'a mise au jour, en tant que système politique. Voici comment il l'a présentée au public, dans son *Premier Mémoire sur la Propriété* (page 237). Un de ses *plus jeunes lecteurs*, dit-il, lui demande :

« — Vous êtes démocrate ?
» — Non.
» — Quoi ! vous seriez monarchique ?
» — Non.
» — Constitutionnel ?
» — Dieu m'en garde.
» — Vous êtes donc aristocrate ?
» — Point du tout.
» — Vous voulez un gouvernement mixte ?
» — Encore moins.
» — Qu'êtes vous donc alors ?
» — Je suis anarchiste. »

Quelques pages plus loin, Proudhon définit l'anarchie : Absence de maître, de souverain. Tel est bien, en effet, le sens étymologique : (*a*, privatif, *archê*, gouvernement); mais le mot *anarchie* avait pris avant Proudhon et il a conservé, depuis, l'acception bien différente — que Proudhon réprouve — de : *absence de principe, de règle.*

L'anarchie, selon les idées de Proudhon, constituait moins un gouvernement qu'une sorte d'association de citoyens assez semblable aux sociétés ordinaires régies par un contrat.

L'anarchiste d'aujourd'hui n'admet pas plus de contrat que de principes ; pas plus d'autorité que de règle (1). Ou plutôt sa règle, la seule à laquelle il obéisse, c'est le renversement de toute organisation gouvernementale, la haine de toute loi, de toute magistrature, de toute police. Pour les combattre et détruire, tous les moyens lui sont bons, surtout les plus violents, qui lui semblent de nature à frapper l'imagination de ceux qu'il désire convertir à ses idées. C'est ce qu'il appelle « la propagande par le fait ». Il intervient, dit-il « pour arracher à leur » coupable torpeur les foules engourdies ; pour

(1) « Je ne reconnais à personne le droit d'imposer un règlement quelconque à ses semblables. » *Interrogatoire d'Etiévant en cour d'assises.*

» affirmer la *vigueur* et l'*énergie* qui animent » la fraction consciente du prolétariat ; pour » mettre en valeur et utiliser le dépôt inépui- » sable d'aspirations vers le Bien-être et la » Liberté qui réside en l'âme frémissante des » multitudes ». (Sébastien Faure.)

A l'occasion, son intervention se manifeste par l'hécatombe humaine, la tuerie *en bloc*. Riches ou pauvres, faibles ou puissants, amis ou ennemis : tout y passe, l'aveugle dynamite n'épargne personne.

Singulier moyen de propagande que de soulever l'horreur de ceux qu'on désire amener à soi !

En dehors des drames passionnels, il se commet peu de crimes monstrueux dont les auteurs, mis en état d'arrestation, ne revendiquent d'abord, avec une sorte de fierté, le titre d'anarchistes. Il leur semble, par cette déclaration de principes, s'élever à la hauteur d'hommes politiques. Les opinions subversives qu'ils affichent modifieraient du tout au tout, selon eux, le caractère de leurs attentats.

La plupart, d'ailleurs, le prennent de très haut avec les magistrats (1); ils les traitent

(1) Relire l'interrogatoire d'Etiévant en cour d'assises. Par moments, on aurait presque l'illusion que l'accusé occupe le siège du président, qui se trouverait, lui, sur la sellette.

volontiers de « vaches », au cours des débats et, d'un air narquois, réclament pour leurs juges, une botte de foin ou un picotin d'avoine. On a vu de ces énergumènes, non contents de l'injure verbale, quitter leur chaussure et la lancer à la face du président. Ils mettent d'autant plus de cynisme à ces violences, qu'ils supposent que les journaux procureront au scandale une plus grande publicité.

C'est encore de la « propagande par le fait ».

Cette propagande, ils la feront même au pied de la guillotine. N'a-t-on pas vu Ravachol insulter jusqu'à Dieu, dans sa sinistre chanson, en montant sur l'échafaud ?

Benoît Malon définit le socialiste : « L'homme qui porte dans son cœur la plaie toujours ouverte de la douleur universelle ». Maître Benoît nous la baille belle d'appliquer la définition de l'homme sensible au seul socialiste, c'est-à-dire à celui dont les idées le rapprochent si fort de l'anarchiste, que la différence entre les deux n'est qu'*apparente*, d'après la déclaration rappelée ci-dessus.

Si l'on veut se rendre compte de la dose de sensibilité, de commisération, d'humanité que contient le cœur d'un anarchiste, il suffit de se rappeler les exploits des Ravachol, des Vaillant, des Henry, des Caserio, des Angiolillo, des Lucheni, des Etiévant, qui n'ont pas reculé devant le meurtre d'êtres inoffensifs placés à tous les degrés de l'échelle sociale.

Certes, personne ne désire plus que nous voir effacer de nos codes la peine capitale. Si une considération peut faire ajourner ce progrès si enviable, n'est-ce pas que la grâce de la vie accordée à ces ennemis irréductibles de la Société — qui, d'ailleurs, croiraient s'humilier en signant un pourvoi — serait la condamnation à mort d'une foule d'innocents ?

Ayons confiance en l'avenir. Ne désespérons pas de voir l'anarchiste lui-même acquérir la conviction que son genre de propagande ne peut que nuire à ses projets, en resserrant les liens qui unissent toutes les classes de la Société, pour la défense de la sécurité et de l'ordre publics.

N'oublions jamais, ne cessons de mettre en pratique le précepte primordial essentiellement humain : « Aimez-vous les uns les autres » ; et rappelons-nous que jamais la haine n'a fait œuvre durable.

Karl Marx méconnaît cette vérité quand il préconise la « lutte de classes » ; mais il est forcé de se soumettre à l'évidence, en admettant la nécessité du « développement *naturel* de la Société ».

Un parti politique, quel qu'il soit, ne saurait se flatter de diriger, à son gré, l'humanité dans la voie de sa destinée, ni, à plus forte raison, de fixer le but auquel elle tend invinciblement. Chercher à détourner ou à endiguer le courant qui l'y emporte, serait une tentative insensée : autant vaudrait entreprendre de faire remonter le fleuve vers sa source.

FIN.

Nevers, G. Vallière, Imp.

TABLE

DU MÊME AUTEUR

ÉTUDE

SUR LA

RÉFORME FISCALE DES SUCCESSIONS

Prix : 30 centimes.

www.ingramcontent.com/pod-product-compliance
Ingram Content Group UK Ltd.
Pitfield, Milton Keynes, MK11 3LW, UK
UKHW020409230726
13925UKWH00003B/1328

9 782019 178246